넌 바보다

넌 바보다

신형건 시집

끝없는이야기

차례

마음 · 9

너 때문이다 · 11

손을 기다리는 건 · 13

입김 · 15

넌 바보다 · 17

시간 여행 · 21

발톱 · 25

벙어리장갑 · 27

그림자 · 29

아침 노래 · 33

공 튀는 소리 · 35

낙서 · 39

반짝반짝 · 41

별아 · 43

의자 · 45

네가 온다면 · 47

친구랑 다툰 날에 읽는 시 · 51

모두 모두 꽃 · 55

노래하는 새들 · 57

가랑잎의 몸무게 · 59

친구에게 · 61

이건 아주 무서운 총놀이야 · 63

꿈꾸는 나무들 · 65

제비꽃 · 67

귀지 · 71

30센티미터 자를 산 까닭 · 73

봄날 · 75

개망초꽃 · 77

뽐내지 마 · 83

가끔 · 85

거인들이 사는 나라 · 89

그 말, 그 소리 · 91

별똥 · 93

모퉁이를 돌면 · 95

친구가 되려면 · 99

너와 나 · 105

박수 • 107

새소리 • 109

대문 • 111

이정표 • 113

어린 왕자에게 • 115

시인의 말 • 117

다시 아이가 되고 싶은
어른들에게

마음

마음은 알 수가 없다
그래서
마음이 다 비칠 듯한
네 눈을
한참 바라본다

마음은 잡을 수가 없다
그래서
마음 가까이에 있는
네 손을
꼭 잡아 본다

너 때문이다

별을
징검다리 삼아
조심조심
건너뛰다가
한순간, 내 눈길은
발을 헛디뎌
첨벙!
캄캄한 하늘에 빠진다

너 때문이다

손을 기다리는 건

손을 기다리는 건
어제 새로 깎은 연필,
내 방 문의 손잡이,
손을 기다리는 건
엘리베이터의 9층 버튼,
칠판 아래 분필 가루투성이 지우개,
때가 꼬질꼬질한 손수건,
애타게 손을 기다리는 건
책상 틈바구니에 들어간
30센티미터 뿔자,
방구석에 굴러다니는
퍼즐 조각 하나,
정말 애타게 손을 기다리는 건
손, 꼬옥 잡아 줄
또 하나의
손.

입김

미처
내가 그걸 왜 몰랐을까?
추운 겨울날
몸을 움츠리고 종종걸음치다가
문득, 너랑 마주쳤을 때
반가운 말보다 먼저
네 입에서 피어나던
하얀 입김!
그래, 네 가슴은 따뜻하구나.
참 따뜻하구나.

넌 바보다

씹던 껌을 아무 데나 퉤, 뱉지 못하고
종이에 싸서 쓰레기통으로 달려가는
너는 참 바보다.
개구멍으로 쏙 빠져나가면 금방일 것을
비잉 돌아 교문으로 다니는
너는 참 바보다.
얼굴에 검댕칠을 한 연탄장수 아저씨한테
쓸데없이 꾸벅, 인사하는
너는 참 바보다.
호랑이 선생님이 전근 가신다고
아무도 흘리지 않는 눈물을 혼자 찔끔거리는
너는 참 바보다.
그까짓 게 뭐 그리 대단하다고
민들레 앞에 쪼그리고 앉아 한참 바라보는
너는 참 바보다.
내가 아무리 거짓으로 허풍을 떨어도
눈을 동그랗게 뜨고 머리를 끄덕여 주는

너는 참 바보다.
바보라고 불러도 화내지 않고
씨익 웃어 버리고 마는 너는
정말 정말 바보다.

-그럼 난 뭐냐?
그런 네가 좋아서 그림자처럼
네 뒤를 졸졸 따라다니는
나는?

시간 여행

가끔, 아주 가끔
책상 위에 엎드리고 싶을 때가 있지

아무런 까닭 없이 맥이 풀릴 때
아무도 아는 척하고 싶지 않을 때
그냥 눈을 꼬옥 감아 버리고만 싶을 때

책상 위에 두 팔을 가지런히 포개고
그 위에 뜨거운 이마를 얹고
가만가만 숨을 고르노라면
친구들이 왁자지껄 떠드는 소리는
아득하게 멀어져 가고
깜깜한 어둠은 점점 더 깊어지지

날 그냥 내버려 두렴

잠들려는 것이 아니야

어떤 꿈을 꾸려는 것이 아니야
나만의 타임머신을 타고
어디 머나먼 곳을 잠시 동안
다녀오려는 것뿐이야

그곳에서 나의 별을 찾으면
그 별이 문득, 환하게 빛나는 것처럼
나도 다시 반짝! 깨어날 거야

발톱

아주 느릿느릿 지나가는
시간이 여기 있었구나
내가 까맣게 잊고 있는 사이
뭉기적뭉기적거리던 나의 게으른 시간들이
길어진 발톱 속에 집을 짓고
꾸역꾸역 까만 때로 모여 있었구나
고린내를 풍기며 고롱고롱
코를 골고 있었구나
하얀 비누 거품에 세수하고도 깨어나지 않던
게으른 녀석들이
―요놈들!
손톱깎이를 갖다 대니, 톡!
화들짝 소스라쳐
달아나는구나

벙어리장갑

나란히 어깨를 기댄 네 손가락이 말했지.
-우린 함께 있어서 따듯하단다
너도 이리 오렴!

따로 오똑 선 엄지손가락이 대답했지.
-혼자 있어도 난 외롭지 않아
내 자리를 꼭 지켜야 하는걸.

그림자

친구야, 우리 나란히 어깨동무하고
함께 노래하며 걸을 때
작은 내 키만큼 낮은 네 목소리와
큰 네 키만큼 높은 내 목소리
곱게 섞이어 푸른 하늘로 울려 퍼지고
네 뒤를 따라다니는 긴 그림자와
내 뒤에 붙어다니는 짧은 그림자
하나로 포개어지는 걸
넌 본 적이 있니?
친구야, 그렇게 포개어진 그림자가
우리 손 흔들며 헤어질 때
서로 바뀌어
내 그림자를 너희 집으로
네 그림자를 우리 집으로
데리고 가는 걸 알고 있니?
떨어져 있어 보고픈 동안
우린 서로 바뀐 그림자를 가진다는 걸
난 오늘에야 알았단다.

아침 노래

저 푸르른
나무의 거울은
새의 노래
노래의 거울은
눈부신 햇살
햇살의 거울은
맑은 이슬
이슬의 거울은
파란 하늘
하늘의 거울은
동그래진
나의 눈

공 튀는 소리

이틀째 앓아누워
학교에 못 갔는데, 누가 벌써
학교 갔다 돌아왔는지
골목에서 공 튀는 소리 들린다.

탕탕–
땅바닥을 두들기고
탕탕탕–
담벼락을 두들기고
탕탕탕탕–
꽉 닫힌 창문을 두들기며
골목 가득 울리는
소리

내 방 안까지 들어와
이리 튕기고 저리 튕겨 다닌다.

까무룩 또 잠들려는 나를
뒤흔들어 깨우고는, 내 몸속까지
튀어 들어와 탕탕탕-
내 맥박을 두들긴다.

낙서

하얀 페인트로 담벼락을 새로 칠했어.
큼직하게 써 놓은 '석이는 바보'를 지우고
'오줌싸개 승호' 위에도 쓱쓱 문지르고
지저분한 낙서들을 신나게, 신나게 지우다가
멈칫 멈추고 말았어.
담벼락 한 귀퉁이, 그 많은 낙서들 틈에
이런 낙서가 끼여 있었거든.

> 영이가 웃을 땐 아카시아
>   향내가 난다
> 난 영이가 참 좋다
> 하늘 만큼   땅 만큼

반짝반짝

너는
별이 되고 싶니?
너 혼자
반짝 빛나고 싶니?

너는
별자리가 되고 싶니?
여럿이 함께
반짝반짝 반짝반짝
빛나고 싶니?

별아

네게
내 맘
다
줄게

내게
네 빛
다
줄래

의자

공원 매점 앞에 서서
너를 기다리는데
저 앞에 빛바랜 파란색 의자 하나가
가만히 앉아 있다.

누구를 기다리다 지쳤는지
제 그림자를 물끄러미 바라보며
앉아 있는데
그 그림자도 의자를 닮아
누군가를 기다리는 모습이다.

그래, 나도 저 의자처럼
누군가를 기다려 본 적이 있지.
내 그림자를 깔고 앉아
오래오래 기다려 본 적이 있지.

의자가 물끄러미 나를 본다.
내 그림자를 본다.

네가 온다면

마침내
네가 온다면
문을 닫고 기다려야지.
열려 있던 문조차 꼭꼭 걸어 잠그고
창문 가득 커튼을 드리우고
방 안에 앉아 눈을 감고 기다려야지.
귀만 환하게 열어 놓고 기다려야지.
문득, 네 발소리가 골목에 울리면
그저 지나가는 발소리려니
시치미를 떼어야지.
초인종이 급히 울려도
못 들은 척해야지.
귀머거리인 양 오래오래
저 혼자 울도록 내버려 두어야지.
그러다가 네가 무척 화가 나서
문을 쿵쾅쿵쾅 두드리면
문가로 슬그머니 다가가야지.

숨소리조차 죽이고 좀 더 기다리면
굳게 잠겨 있던 문이 시나브로
투명해져서 그 너머로
환히 네 모습이 보이고 말겠지.
애타는 네 마음이 발길을
돌리려는 것이 보이겠지.
네가 마악 돌아서려 할 때, 비로소
활짝 문을 열어젖혀야지.
-아, 너였구나!

친구랑 다툰 날에 읽는 시

하늘은 커다란 눈 한 번 끔벅이지 않고
뭉게구름은 투덜투덜 몸만 자꾸 부풀리고
난 혼자야.
전봇대는 뒷짐지고 무뚝뚝하게 내려다보고
참새는 머리에 찍, 똥을 싸고 날아가고
그래, 난 혼자야.
담벼락은 아까부터 쿨쿨 잠들어 있고
낙서들은 쉴 새 없이 잠꼬대하고
그래그래, 난 혼자야.
도둑고양이는 나를 거들떠보지도 않고
강아지풀은 메롱! 혀를 내밀고
난 혼자야, 혼자야.
오늘따라 바람 한 점 불지 않고
쭈그리고 앉아도 개미 한 마리 얼씬거리잖고
눈앞은 점점 뿌옇게 흐려지고
난 혼자야 혼자야 혼자라구.

모두 모두 꽃

모두 모두 꽃이야

이 세상 사람들 모두는
웃을 때 향기 나는
꽃이야

그중에서도 가장
예쁘고 향기 좋은 꽃은
바로,

너지!

노래하는 새들

새들이 날 수 있는 건
날개 때문이 아닌지도 몰라.
그래, 하늘 높이 날 수 있는 건
노래 때문일 거야.
날개가 그처럼 반짝이는 것도
노래의 힘찬 풀무질 때문이야.
즐거운 노래는 새들의 날개에
투명한 용수철을 달아 주지.
고 작은 부리에서 뿜어 나오는 노래는
새들이 하늘 높이 쏘아 올리는
소리의 분수야,
힘의 분수야.

가랑잎의 몸무게

가랑잎의 몸무게를 저울에 달면
'따스함'이라고 씌어진 눈금에
바늘이 머무를 것 같다.
그 따스한 몸무게 아래엔
잠자는 풀벌레 풀벌레 풀벌레…
꿈꾸는 풀씨 풀씨 풀씨…
제 몸을 갉아먹던 벌레까지도
포근히 감싸 주는
가랑잎의 몸무게를 저울에 달면
이번엔
'너그러움'이라고 씌어진 눈금에
바늘이 머무를 것 같다.

친구에게

네 마음이
연못이었으면…

조그만 돌로
풍당
뛰어들어
동그란 내 이야기
들려주게

한 가닥 실바람 되어
사르르
물무늬 만들어
다정한 내 마음
전하게

네 마음이
조그맣고 동그란
연못이었으면.

이건 아주 무서운 총놀이야

꽃을 향해 빵 쏘니까 팔랑
나비가 날아 나왔어
연달아 빵빵빵 쏘았더니
팔랑 팔랑 팔랑-
아스팔트에 대고 쏘았더니 뾰족
풀 한 포기 돋아 나오고,
쇠창살에 빠앙- 했더니 금세
담쟁이 넝쿨이 되어 넌출넌출!
굳게 닫힌 문에 대고는 그냥
시늉만 했는데도 스르르-
심통 부리는 동생 얼굴에, 맛 좀 봐라!
빵- 했더니 빵긋 보조개가 패이고
빵빵빵빵 마구 쏘아 댔더니
한바탕 웃음이 터져 나왔지.
이젠 네게 쏠 차례야.
자, 쏜다? 무섭지!
빠앙-

꿈꾸는 나무들

 어느 날 나무들이 뿌리를 땅 위로 드러내 놓고 걷기 시작했지. 문어 발 같은 뿌리들이 좀 낯설긴 했지만 그 모습은 참으로 멋있었어. 생각해 봐, 몇백 년이나 묵은 은행나무가 뒷짐을 지고 의젓하게 걷는 걸. 잔가지와 이파리들은 할아버지의 흰 머리카락처럼 흩날렸지. 키 큰 미루나무가 냇둑 위를 얌전히 걸을 땐 어떻고. 우리 누나가 뾰족구두를 신고 걷는 것보다 훨씬 날렵하던걸. 또 소나무들이 떼 지어 산에서 우르르 내려왔을 땐 정말 굉장했지. 놀란 사람들은 적이 쳐들어왔다고 도망치기도 했지만 나무들은 병정들만큼이나 씩씩하게 시가행진을 했어. 내겐 아주 신나는 일이었는데 사람들은 그런 나무들을 그냥 두고 볼 수는 없었던 모양이야. 모두 제자리로 돌려보내고 뿌리를 땅에 묻은 다음 다시는 빠져나오지 못하도록 꼭꼭 밟았어. 너무 단단한 흙으로 묶여 있어 이젠 꼼짝도 못하는 나무들, 그 나무들은 지금도 다시 자유롭게 걷고 싶어서 안간힘을 쓰고 있을 거야. 아니면 사람들은 하지 못하고 새들만이 할 수 있는 일, 그래! 저 높은 하늘을 훨훨 날아다니는 걸 꿈꿀지도 모르지.

제비꽃

겨우내
들이 꾼 꿈 중에서
가장 예쁜
꿈

하도 예뻐
잠에서 깨어나면서도
놓치지 않고
손에 꼭 쥐고 나온
꿈

마악
잠에서 깬 들이
눈 비비며 다시 보고,
행여 달아나 버릴까
냇물도 함께
졸졸졸 가슴 죄는

보랏빛 고운
꿈.

귀지

엄마, 귀지는 참 기특하지 않아요?
캄캄한 귓속에서도 불평 없이 지내다가
이렇게 다소곳이 귀이개에 묻어 나오니 말이에요.
귀지가 쉴 새 없이 고시랑고시랑 불평을 했다면
내 귓속은 무척 소란스러웠을 거예요.
엄마, 손바닥에 올려놓고 찬찬히 살펴보자니까
귀지가 옴죽옴죽 무슨 말을 하려는 것 같아요.
아, 그래요! 귀지는 원래 말이었을 거예요.
내 귀에 들어오는 수많은 말들 중에서
쓸모없는 말들이 모여 귀지가 됐을 거예요.
내 마음에 담기지 않고 귓속에서만 그냥
뱅뱅 맴돌던 말들 말이에요.
그중엔 엄마의 잔소리도 몇 섞여 있겠지요?
엄마, 이 귀지들이 모두 무슨 말들이 되어
금방이라도 되살아날 것만 같아요.
어서 훌훌 털어 버려야겠어요.

30센티미터 자를 산 까닭

가려운 등을 긁을 수 있지
손톱에 끼인 때도 파낼 수 있지
발뒤꿈치만 조금 들면
천장에 친 거미줄도 걷어 내지
귀찮은 파리를 쫓을 수 있지
피리 부는 흉내도 낼 수 있지
노래하며 손장단을 맞출 수 있지
얏! 얏! 신나는 칼싸움도 할 수 있지
바람에 날리지 않게 시험지를 꾹 눌러 둘 수 있지
장롱 밑에 들어간 것도 꺼낼 수 있지
그래, 힘들었으니 좀 쉬라고
그냥 놔 둘 수도 있지
야아, 이 좋은 생각이 이제야 떠오르다니!
얄밉게 구는 네 등짝을 힘껏
후려칠 수도 있잖아!
그리고 또 뭐가 있더라…
분명히 있을 텐데… 뭐지?
뭐지… 뭘까?

봄날

엄마, 깨진 무릎에 생긴
피딱지 좀 보세요.
까맣고 단단한 것이 꼭
잘 여문 꽃씨 같아요.
한번 만져 보세요.
그 속에서 뭐가 꿈틀거리는지
자꾸 근질근질해요.
새 움이 트려나 봐요.

개망초꽃

언제부터
너 거기에 있었니?

친구와 헤어져 혼자 가는 길
가까이 다가가 보니
낯설지 않은 얼굴

너 거기 그렇게
정말 오래오래 서 있었구나?

나와 친해지고 싶어서
아무 말 없이
내 어깨만큼 자란 키

내가 웃음을 보이지 않아도
반가워 먼저
소리 없이 웃음 짓는

네게서, 참 좋은 향내가 난다
참 좋은 향내가 난다.

뽐내지 마

노랑 빨강 파랑 풍선 풍선 풍선이
서로 잘났다고 고개 빼들며 뽐내지만
다 소용없는 일이야.
어디 제 힘으로 뱃속을 채웠나
남이 불어 주어서 그런 모습이 됐지.
주둥이에 맨 실을 풀어 볼까, 어찌 되나?
가시에 한번 찔려 볼래?
빵!

가끔

늘 그런 건 아니지만 가끔
빨간불이 켜져 있는데 길을 건너고 싶어.
가끔 학교에 가기 싫을 때도 있고
일부러 숙제를 안 하기도 해.
갑자기 나보다 덩치가 큰 뚱보한테
괜히 싸움을 걸고 싶고 가끔
아무런 까닭 없이 찔끔 눈물이 나.
그래, 항상 그렇진 않지만
만화가 보기 싫어지기도 하고
공부가 막 하고 싶기도 해.
어느 땐 술 취한 어른들처럼
길가에 쉬를 하기도 하고
아무 집 초인종이나 마구 누르고 싶어.
늘 다니던 골목길이 낯설어 보이고
갑자기 우리 집을 못 찾을지도
모른다는 생각이 들어.
어쩌다 엄마가 너무 잘해 주는 날이면

퍼뜩, 난 주워 온 아이라는 생각이 들고
집을 뛰쳐나가고 싶기도 해.
그래서 아무 데고 막 가 보다가도
결국은, 나도 모르게 우리 집으로
발길을 돌리곤 하지.
가끔, 아주 가끔.

거인들이 사는 나라

 단 하루만이라도 어른들을 거인국으로 보내자. 그곳에 있는 것들은 모두 어마어마하게 크겠지. 거인들 틈에 끼이면 어른들은 우리보다 더 작아 보일 거야. 찻길을 가로지르는 횡단보도는 얼마나 길까? 아마 100미터도 넘을 텐데 신호등의 파란불은 10초 동안만 켜지겠지. 거인들은 성큼성큼 앞질러 건너가고 어른들은 종종걸음으로 뒤따를 텐데… 글쎄, 온 힘을 다해 뛰어도 배가 불뚝한 어른들은 찻길을 다 건널 수 없을걸. 절반도 채 건너기 전에 빨간불로 바뀌어 길 한복판에 갇히고 말 거야. 뭘 꾸물거리느냐고 차들은 빵빵거리고 교통순경은 삑삑 호루라기를 불어 대겠지. 이마에 흐르는 땀을 훔쳐 내며 어른들은 쩔쩔맬 거야. 그때, 어른들은 무슨 생각을 하게 될까?

그 말, 그 소리

"보고 싶으면 전화해!"

그 말 들은 지
참 오래됐다
아예 사라지고 말았다

온 세상에
시도 때도 없이 울리는
"카톡! 카톡!"
그 소리 가득한 뒤부터

우리는 서로
보고 싶을 틈이 없다

별똥

사람들은 참 이상도 하지.
하늘을 우러러보며 아름답다, 아름답다
할 땐 언제고, 어쩌다
별들이 빛을 잃으며 떨어지기라도 하면
이젠 별 볼 일 없다는 듯
'똥'이라고 부르니.
별아, 떨어지지 말거라.
사람들이 사는 이 땅엔
떨어지지 말거라.

모퉁이를 돌면

모퉁이를 돌면 상쾌한
바람. 모퉁이를 돌면 눈부신
햇빛. 모퉁이를 돌면 싱그런 메타세쿼이아
숲길. 모퉁이를 돌면 갑자기 쏟아지는
소나기. 모퉁이를 돌면 빨랫줄에 걸려 펄럭이는
흰구름. 모퉁이를 돌면 불꽃처럼 활활 타오르는
칸나. 모퉁이를 돌면 사납게 짖어 대는
삽살개. 모퉁이를 돌면 기차가 지나가는
건널목. 모퉁이를 돌면 유모차에 파 한 단 태우고 가는
할머니. 모퉁이를 돌면 어디선가 솔솔 풍겨오는 꽃
향기. 모퉁이를 돌면 손거울처럼 반짝이는
호수. 모퉁이를 돌면 무단 횡단하는 엄마와 아기
고라니. 모퉁이를 돌면 푸른 하늘과 맞닿은
바다. 모퉁이를 돌면 초록 그늘을 드리운 580살
정자나무. 그 아래, 버스를 놓치지 않으려고 달리는
사람들. 모퉁이를 돌면 빨간 신호등 너머로 지는
저녁 해. 모퉁이를 돌면 끝없이 나타나는

새로운 세상. 모퉁이를 돌면,
모퉁이를 돌면

친구가 되려면

지우개랑 친해지려면
글씨를 자꾸 틀리면 되지.
몸이 다 닳아 콩알만 해진 지우개가
툴툴거리는 소리, 귀에 들려올 때
그 소리에 솔깃 귀 기울일 수 있으면
그제야 지우개랑 진짜
친구가 되는 거지.

마당가에 삐죽 고개 내민
돌부리와 친해지려면
네댓 번 걸려 넘어져 보면 되지.
눈 감고도 그 돌부리가 환히 보일 때
돌부리가 다리를 걸기 전에 먼저
슬쩍, 밉지 않게 걷어차 줄 수 있을 때
그제야 돌부리와도
친구가 되는 거지.

바람과 친해지려면
그냥 불어오는 쪽을 바라보면 되지.
머리카락을 흩뜨리고 달아나게 내버려두면 되지.
하지만, 바람과 정말 친구가 되려면
바람개비를 만들어야 하지.
팔랑팔랑 춤추는 바람개비를 입에 물고
바람을 가슴에 안으며
달려야 하지.

너와 나

아침마다 한결같이 동쪽에서 해가 뜨는 것처럼
나란히 나란히 어깨동무한 하얀 앞니들처럼
애써 찾지 않아도 언뜻 눈에 띄는 네 잎 클로버처럼
바람이 힘차게 깃발을 펄럭이게 하는 것처럼
지우개가 틀린 글자를 살살 지워 주는 것처럼
웃자란 손톱을 가지런히 깎아 주는 손톱깎이처럼
바라보면 그대로 얼굴을 비춰 주는 거울처럼
해가 진 뒤에 오래 남아 있는 저녁놀처럼

박수

손이 웃네

네가 기쁘니
나도 기쁘다고

그 기쁨 함께 나누자고
서로 마주치며

웃네

한바탕 큰 웃음
터뜨리네

새소리

호로롱
호르
르
르
르

물방울처럼 굴러 내리는
새소리

−깨질라!

땅바닥에 떨어지기 전에
얼른
두 귀 모아

받았다.

대문

고양이가
훌쩍
담을 넘어 들어온다

거기, 담 위에
활짝 열린
투명한 문이 보인다

고양이네 대문이다

이정표

왜 이런 이정표는 없나?

네 마음이 쉴 곳
앞으로 3km

# 어린 왕자에게

넌 알고 있지?

혼자 흘린 눈물 한 방울조차
그냥 스러지는 법이
없다는 것을

바람의 끝에 묻어간
그 눈물이

언젠가
어느 먼 별에 이르러
아침 햇살이 입 맞추는
한 꽃송이 위에

마알간 이슬로
맺힌다는 것을.

시인의 말

　오래 전에 쓴 시들을 꺼내어 읽다 보면 새삼 새롭고 낯설게 느껴질 때가 있다. 이 시들을 쓸 때에 나는 누군가에게 말을 걸고 싶었던 것일까. 무언가 꼭 하고 싶은 이야기가 있었던 것일까. 아니면 세상을 보고 느낀 경이에 대해 혼잣말을 했던 것일까. 어쨌든 그 말들은 시 속 화자의 목소리로 남아 누군가의 입에서 가만가만 읊조려지길 여전히 기다리고 있는 것만 같다.

　시를 써 온 지 40주년이 되고 보니 그동안 세상에 내보인 시들이 여기저기 흩어져 와글와글하다. 그중 나름대로 또렷한 목소리들을 골라 시선집을 엮는다. 국어 교과서에 실려 누구나 한 번쯤 읽었을 시들을 비롯하여 웹이나 각종 미디어에 자주 인용된 시들을 위주로 골랐다. 독자들의 호응을 얻은 시를 다시 골라 엮는 것은 앞으로 좀 더 많이 읽히기를 기대하기 때문이리라.

　세상에 대한 호기심이 아직 남아 있기에 나는 시를 계속 쓸 수 있다. 호기심 어린 눈으로 자연과 사물을 관찰하는 즐거움은 때때로 내게 뜻밖의 경이감을 선물한다. 무엇과도 바꿀 수 없는 선물이다. 그 경이로운 순간들을 누군가와 함께 느끼고 싶다.

2024년 한가을에, 신형건

시집별 수록 시 목록

벙어리장갑* /그림자* /낙서 /별아 /가랑잎의 몸무게 /친구에게 /꿈꾸는 나무들 /개망초꽃 /뽐내지 마 /가끔 /거인들이 사는 나라* /별똥 (12편) ─『거인들이 사는 나라』(진선출판사, 1990)

넌 바보다* /친구랑 다툰 날에 읽는 시 /노래하는 새들 /이건 아주 무서운 총놀이야 /제비꽃 /귀지 /30센티미터 자를 산 까닭 /봄날 /친구가 되려면 /너와 나 (10편) ─『바퀴 달린 모자』(현암사, 1993)

너 때문이다 /입김* /모두 모두 꽃 /박수 (4편)
─『네가 보고 싶어』(현암사, 1996)

네가 온다면 /이정표 /어린 왕자에게 (3편)
─『나를 좋아하는 만큼 꼭 그만큼』(현암사, 1996)

시간 여행* /발톱* (2편) ─『크는이에게 주는 수수께끼』(베틀북, 2000)

마음 /손을 기다리는 건* (2편) ─『엉덩이가 들썩들썩』(푸른책들, 2008)

아침 노래 /의자 (2편) ─『콜라 마시는 북극곰』(푸른책들, 2009)

모퉁이를 돌면 (1편) ─『여행』(미세기, 2015)

공 튀는 소리* /새소리 /대문 (3편) ─『아! 깜짝 놀라는 소리』(푸른책들, 2016)

그 말, 그 소리 (1편) ─『엄지공주 대 검지대왕』(끝없는이야기, 2020)

반짝반짝* (1편) ─『나는 나는 1학년』(끝없는이야기, 2023)

*표시: 초·중학교 〈국어〉 교과서에 수록된 시

시인 약력

신형건 초·중학교 〈국어〉 교과서에 시 10편이 실린 시인으로 '얼른 어른이 되고 싶은 아이들'과 '다시 아이가 되고 싶은 어른들'에게 주는 시를 쓰고 있다. 초등학교 때 교과서에서 시 「벙어리장갑」「그림자」「거인들이 사는 나라」「시간 여행」 등을 읽었던 아이들은 그새 어른이 되었으며 아이를 낳은 부모가 되기도 했는데, 시인은 이를 가장 큰 보람으로 여기고 있다. 1965년 경기도 화성의 농촌 마을에서 태어났고, 1984년 〈새벗〉 문학상에 당선되어 문단에 데뷔했으며, 대한민국문학상·서덕출문학상·윤석중문학상 등을 수상했다. 경희대학교 치의학과를 졸업한 뒤 10여 년간 치과의원 원장으로 일했으며, 1998년부터 출판사 대표로 자리를 옮겨 이모작 인생을 살고 있다. 〈푸른책들〉과 임프린트 〈보물창고〉〈에프〉〈끝없는이야기〉에서 다양한 책을 펴내는 틈틈이 『사랑해 사랑해 사랑해』와 같은 외국 그림책을 우리말로 번역하고 있으며, 무엇보다도 좋은 시를 쓰려고 늘 애쓰고 있다. 시집 『거인들이 사는 나라』『바퀴 달린 모자』『엉덩이가 들썩들썩』『콜라 마시는 북극곰』『여행』『아! 깜짝 놀라는 소리』『엄지공주 대 검지대왕』, 시선집 『별에서 별까지』 등을 펴냈다. 등단 40주년을 맞이하여 펴내는 시선집 『넌 바보다』의 표제작은 초·중학교 〈국어〉 교과서에 네 차례 실렸으며, 2018년 tvN 드라마 〈시를 잊은 그대에게〉와 2023년 JTBC 예능 프로 〈아는 형님〉에 인용되어 큰 화제를 모았다.

넌 바보다

발행일 초판 1쇄 2024년 12월 20일
지은이 신형건 **펴낸이** 신형건
펴낸곳 (주)푸른책들·**임프린트** 끝없는이야기 **등록** 제321-2008-00155호
주소 서울특별시 서초구 양재천로7길 16 푸르니빌딩 (우)06754
전화 02-581-0334~5 **팩스** 02-582-0648
이메일 prooni@prooni.com **홈페이지** www.prooni.com
인스타그램 @proonibook **블로그** blog.naver.com/proonibook

ⓒ 신형건, 2024
일러스트. Adobe Stock
ISBN 978-89-5798-695-0 03810

＊잘못된 책은 구입한 곳에서 바꾸어 드립니다.
＊이 책 내용의 일부 또는 전부를 재사용하려면 반드시 저작권자와
(주)푸른책들 양측의 서면 동의를 얻어야 합니다.
＊끝없는이야기는 (주)푸른책들의 문학 임프린트입니다.
＊KC마크는 이 제품이 공통안전기준에 적합하였음을 의미합니다.